JN438438

귀향

歸鄕

귀향
歸鄕

김철모 다섯 번째 시집

신아출판사

글을 시작하며

사람은 누구나 없이 온 자리로 돌아간다.
돌아가기까지 어떻게 살아 왔느냐가 중요하고 돌아가는 방식은 중요치 않다.
큰 아이가 장성해서 이제 부모의 품에서 떠나는 시간에 필자는 돌아가는 연습을 하고 있는 것이다.

1979년 공직을 시작한지 어언 40년,
돼지로 태어나서 돼지해에 이제 야인으로 돌아가야 할 시간이다.
그간 우여곡절도 많았고, 귀양을 생각하기도 하고,
낙향을 생각하면서 참고 버티어 온 시간들이
귀향이라는 길로 안내 하는 듯하다.

그간 40여년을 사람들과 놀았으니
이제는 모든 자연과 함께 놀아야 할 판이다.

이번 5집은 귀향을 준비하면서 느꼈던 시골 냄새를
시라는 수단으로 옮겨 놓아 보았다.

다른 사람에게는 헛글로 보일 수도 있지만 필자로선 그 자체가 삶이었고 가치있는 기록이라고 생각하기 때문이다.

이번에도 흔쾌히 발문을 내준 친구이자 문학평론가인 최명표님에게 감사하다.
또한 곁에서 늘 힘이 되어 준 결혼 35주년을 맞이하는 집사람과 단짝을 만나 가정을 꾸리는 큰 아이, 직장에서 꿈을 키우고 있는 작은 아이에게 고마움을 표한다.

이천십구년 초여름에

古阜 經德齋에서

書堂峰 김 철 모

차례

제 2 부

잡초와 농군

제 3 부

나비네 여덟 가족

제 4 부

남의 집 같은 내집

제 5 부

명자가 왔다

제 6 부

인생의 길

축시

발문

제 1 부 / 그 곳에서 살고 싶다

귀향 1

어릴 적 무더운 여름날
개똥 불 밤하늘에 불 밝히고
입담 좋은 어른들 동네어귀 멍석에 모여
도깨비 이야기, 군대시절 이야기 꽃피던 시절

아이들 청군백군 나눠 동네 한바퀴 돌다보면
아랫 시암물 등목해야만 단잠 이루던 밤
별들은 옹기종기 밤하늘 총총이
은하수 다리 놓고 우리를 기다리던
쏟아지는 별똥 그 여름밤이 그리워서

작은 집 하나 짓고
왔다갔다 쉼터 만들려 했더니
가진 것 없는데 자꾸 늘어만 가는 이놈의 돈
궁궐같은 전원주택 꿈은
덕지덕지 세종대왕과 신사임당으로 도배를 하란다

한번 내딛은 발길 돌아 갈 수도 없고
가진 것 없이 허풍 가득찬
옷만 화려하게 입은 우리 인생의
꿈같은 전원생활 욕심이 아닐까?

귀향 2

매화로 봄소식 문 열면
복사꽃, 진달래 노래하고
개구리 합창, 쟁기질하는 황소 울음소리가
들녘의 잠 깨우는 연록의 행렬

한여름 모깃불 둘러 앉아
줄 부채 사정없이 내리치며
생 영위하기 위해 피 동냥나온 모기란 놈
야박하게 내쫓던 시골마당

하늘에 걸린 달아오른 감 거두고
나락타작, 콩타작, 수수타작으로
온 마당이 흙먼지 날리면서도
마음만은 포만감으로 가득한 시절

검은 세상 밤사이 다 덮고 나면
백설 한가운데 오솔길 내고
고구마 한 솥 쪄 둘러 앉아
기다란 무우 동침이 한입 걸쳐
이승과 저승을 줄달리기 하던 추억

그 곳으로 가고 싶다
그 곳이 보고 싶다
그 곳에서 살고 싶다.

귀향 3

근간에 꿈에 고향이 자꾸 보이는 것은
내가 벌써 나이 살이나 먹었다는
무의식중의 의식이겠지

단칸방 신혼살림 챙기며
집 나온 청년이었던 내가
얼굴은 이글어지고 머리는 반백이 되어
고향 쪽을 자꾸 쳐다보는 것은
그간 한 일도 없이 나이만 먹었다는
무의식중 의식이라는 반증이겠지

고생하고 어렵게 커왔던 그 시절이
뭐 그리 좋다고
고향 쪽으로 고개 돌리고
이리 기웃 저리 기웃
세상에 법 없어도 살았던 꿈에 그리던 시골 인심
그 인심이 지금도 남아 있을까
기대 반 걱정 반

네 것 내 것이 없는
시쳇말로 공유경제가 지금도 살아 있을까

두려움에 떠는 여리디 여린
세상 물정 모르고
살아 온 그간의 세월
귀향이 맘 편하게 밥 먹여 줄까나.

귀향 4

돌아가는 길이 참으로 어렵다
그냥 농사지으면 농민이 그냥 되었던
그 시절은 사라진 모양이다

농민도 자격을 갖춰야 하고
집 한 칸 짓는 것도 거쳐야할 과정도
갖춰야할 서류도 많기도 하다

몇푼 컨테이너 하우스로 시작하려는 전원주택의 꿈은
평수도 늘고 밑천도 늘어나
거대한 공사로 공중부양 되고 말았으니
사람의 욕심은 이렇듯 끝이 없나보다

겁도 없이
돌아가기 위한 필수요건인
땅을 덜렁 사버렸으니
농사 질지도 모르는 농부의 남편은
자연스레 3년간 연 착륙 시도하다가
여의치 않으면 그냥 다시 이륙하려는 얕은 꾀가
졸지에 죽어도 착륙해야 하는 판이 되었으니
이제 조종간을 꽉 잡아야 한다

호언장담하는 농부도 아닌 농부 말만 믿고
시작한 귀향의 불장난이
이제는 사선을 넘은 헤어지지 못할 처녀 총각이 되어
버렸으니

이걸 살어! 말어!

귀향 5

40여년전 장모님 터 잡은 곳이
그동안 비어 놓았던 세월이 길었던지
거미라는 놈
촘촘히 방범망 쳐두었지만
유달리 추웠던 2016 겨울바람은 숭숭

정자나무 밑 땅 기운이 좋다기에
그 곳에
작은 보금자리 만들자니 걱정이 앞서기도 하건만

친정어머니 살았던 곳이라
자기가 살았던 곳이라
유달리 정감이 가는 듯
집사람은 밤낮으로 환한 귀향의 꿈 꾸고 있다

귀향이 그리 호락호락할까
우리가 생각하는
'저 푸른 초원 위에 그림같은 집을 짓고 사랑하는 우리 님과'
한 백년 함께 잘 살 수 있을 런지

기대 반 걱정 반 귀향도 하기 전에
조바심하다가 지치지나 않을까.

귀향 6

꿈은 야무지나
현실은 만만치 않다
맘 편하게 내 한 몸 뉘울 공간 있으면
그만이라는 소박한 생각이
일을 자꾸만 키우고 있다

귀농의 꿈을 꾸는 자여!
귀촌의 꿈을 꾸는 자여!
그 꿈이 너무 크면 실패할 확률이 더 크다는
경험자의 예견이 명언으로 귀 주위를 돌고 돈다

어느 사람은 귀농이지만
어느 사람은 귀촌이지만
이리 저리 아무리 따져 봐도
나의 길은 귀농도, 귀촌도 아닌
귀향이 분명하다

귀농이든, 귀촌이든, 귀향이든
그 꿈은 이뤄지고 그 꿈의 안착이
내게 다가선 가장 시급한 과제이다.

귀향 7

올해의 봄맞이는 귀향의 땅에서 하고 있다
예년 같으면 여수로, 남해로, 거제로
봄을 찾아 떠났을 몸과 시간들
올 봄은 바로 이 곳
앞으로 정 붙이고 살아 갈 곳에서
나도 모르게 오는 봄을 맞고 있으니
이 어찌 기쁘지 아니한가

봄이 왔는지 갔는지 알 수 없지만
매화가 웃는 걸보니 봄은 봄인 모양이다
느린 농부가 그 해 농사를 망치듯
늦게 시작한 농부수업
매화 활짝 웃은 뒤에 가지치기하고 옮겨 놓았으니
매화는 얼마나 쓰리고 아플까

농부의 남편이 될 줄 알았으면
진작 가지치기 기술이나 배워 놓을 것을
이런 신세가 될 줄 꿈에도 생각지 못했으니
인생이 얼마나 어리석고 우둔한가

이제부터라도 정 붙이자
자주 만나서 이야기도 서로 나누고
오고 가는 절기節氣도 함께 나누자
그러다보면 나무도, 풀도, 돌도 내 맘 알겠지.

귀향 8

귀향의 꿈은 누구나 꿀 수 있다
그림 같은 집을 짓고
자연과 더불어 새들과 함께
숨 쉬고 함께 생활하는 시간 시간들

꿈에 그리는 그 순간순간들
고귀하고 엄숙할 것이다
그래서 많은 사람들이
실패하는 많은 사람들을 보면서도
나만은 예외일거라는 희망의 꿈을 꾸고 있다

꿈같은 귀향은 존재하는 것일까
인생 말년에 염원하는 꿈의 현실은 실존하는 것일까
귀향에 성공한 사람을 보면 피상적이지만 희망이 보인다
귀향에 실패한 사람을 보면 외견상이지만 절망이 보인다

희망과 절망사이 그 사이 수없이 오고가는 밝음과 어두움
꿈을 현실로, 절망을 희망으로, 어두움을 밝음으로
결국은 성공한 귀향을 실천하고픈 것이
귀향자의 희망사항이다.

귀향 9

대지 100평에 30여 평의 2층 집 짓고
마당에 서 있던 감나무만을 살리는 대신
아깝지만 수년간 커온 매화나무, 살구나무, 연산홍은
내쳐야한다

마당 한 곁에 작은 화단을 꾸리고
그 곁에 시골 냄새나는 장독대를 만들고
나머지 땅은 주차장 겸 마당이 될 것이다

인접한 600평의 밭에
감나무, 밤나무, 매실나무, 대추나무 심어
과수원 아닌 작은 과수원을 만들고

나머지 광활한 땅에는
사시사철 함께 살아 갈
상치며 가지며 오이며 토마토며 채소를 심고
남은 땅에는 땅콩이며 감자며 고추를 심어
1년내내 가꾸며 그들과 함께 호흡하려고 한다

생각지도 못했던 농부의 남편이 되어
적응하고 적응하기 위해 농부된
그 고생길을 마다하지 않고 함께 걸어야 하는

결국 귀향은 처음 태어난 곳으로 돌아감이고
흙에서 와서 흙에서 살며 흙으로 돌아감 일거다.

귀향 10

터를 다지는가 했더니
뼈대가 올라 간다
서서이 드러나는 형체
눈짐작으로 대충 그려 본 것과
어떻게 다를까 궁금하다

머리 속에서 그리고
탁상에서 그린 그림이
적중하면 좋으련만
설계가 절반이라 생각했더니
이상과 현실은 다른 법인지
내 집을 지으려면 반 건축가가 되어야 하는 모양이다

등뼈와 갈비뼈가 들어서고
여기에 근육과 살이 붙고
숨과 피가 흐를 즈음이면
그리도 그렸던 꿈은 이루어지겠지?

건사한 집이 나올까
이글어진 얼굴을 한 집이 나올까
거정한다고 될 일은 아니지만
그 기대감과 우려감은
농군을 자처한 집사람도 마찬가지겠지.

귀향 11

준공 떨어지는 날
어깨를 짖 눌렀던
엄청난 하중이
피로와 함께 낙화유수처럼 날린다

지칠대로 지쳐버린 집사람은
아직도 그 중량감에
처진 어깨를 바로하지 못하고
날개 꺾인 새가 되었다

집 짓겠다고 운을 뗀지 8개월
헌집을 철거하고 터 닦기 4개월
본격적인 공사 시작한지 3개월
그간의 세월은 피 말리는 시간이었다

120 일간을
토요일, 일요일 없이
현장으로 줄달음질
커피와 새참 두 번씩 차리고
점심을 챙기면서도
죽어도 고추를 갈아야 했던 집사람

집하나 장만하는 것이
이렇게 힘든 줄 진작 알았더라면
시작도 하지 않았을 거라며
연신 푸념 섞인
신세 한탄 시간들

전원생활 꿈의 실현이
이렇게 힘들 줄이야

이제 두 다리 뻗고
잘 수 있어 행복하다.

귀향 12

손 없는 날로 택일하고
첫날밤을 자려하니
신혼 밤이 이럴까
잠이 잘 오지 않는구나

집 앞 정자나무에 찾아 든 뻐국이는
우는 것인지 우릴 반기는 것인지
밤늦게까지 짝을 부르는 그 소리가
구슬프다 못해 애잔하다

바람소리며 여치소리
때 이른 귀뚜라미 우는 소리까지
전원생활의 첫날밤을
비몽사몽 헤매게 한다

몇 시나 되었을까
동네 개 짖는 소리에 잠을 깨보니
세상은 죽은 듯 한데
손목시계는 2시 반을 가르치고

이 시간에
잠자는 개들을 깨우는
인간들은 누구인고
개도 잠을 자야 다음날 제 일 할 것 아닌가

어느 집 제삿날인지
새벽닭은 일찍도 운다
이제 철상撤床하고 잠시 눈을 부친 뒤
삶의 현장을 나가야하는 자식들

첫날밤은 이렇듯 꿈속에서 놀고 있다.

귀향 13

글로써 큰 덕을 쌓는 집이 되라는
경덕재經德齋 편액이
현관에 걸리니

한자 한자 적어 나갈
글자의 조합이
뼈와 살이 되어
당호堂號에 걸맞게
그 무게감이 느껴진다

백제시대 5방중 하나였던
고사부리성古沙夫里城의 역사를 지니고
호남 3신산 중 하나인
영주산瀛州山 북서 능선을
길게 타고 나와
뒷못이 방죽의 시발이 되었을
장문리 정자나무 언덕자락

일찍이 고려시대
국자감의 칠재七齋중
시경詩經을 가르쳤던 경덕재

역사가 품은 지리적 의미와
당호에 부여안은 의미처럼
고부면古阜面 장문리長文里
시인의 집, 경덕재에서
온갖 새와 벌레와 곡식과 잡초와
자연을 벗하며 함께 살아가리라.

제2부 / 잡초와 농군

귀향 14

우리의 귀향을 마중하는 것들이 한두 가지가 아니다

스무살 넘게 살았지만 30년간의 긴 세월이 가져다 줄
문화적 충격이 다가 설 것이고

잡초의 거대한 반격이 예상되는 상황에서
그들과 화해하고 상생하는 방법에 대하여
고민하고 또 고민이 필요하다

또 하나, 우리 안착을 달갑게 생각하지 않는 집단이 있다
모기며, 하루살이, 수없는 풀벌레들
기득권을 보장받기 위해, 그들의 삶의 터를 지키기 위해
그들의 몸 바친 춘투春鬪가 하투夏鬪까지 계속될 예정이어서
그들과도 화해하고 상생하는 방법을 또 찾아야 한다

자연에 살기위해서는
자연인이 되어야 하고
귀향길에 오를 사람이라면
자연과 친해질 수 밖에 없고
다소 그 자연이 거칠다고 하더라도

그 거침을 받아주어야 하는 인간의 수용성과 아량이
있어야만 자연과 함께 살아가는 방법일거다

자연을 거슬러서는 살지 못할 곳
그래서 귀향은 꿈이 아니라
인간의 인내심을 실험하는 현실이 될 것이다.

귀향 15

새롭게 터를 다지기 위해
헐어버릴 화단에 남은 난초, 연산홍, 철쭉을
아까운 마음에 텃밭에 옮길 즈음

그동안 비어 놓았던 빈집에
사람 들고나는 모습이 좋아보였던지
며칠 전부터 연신 까치가 울어대며
우리 부부를 반갑게 맞이한다

호랑이 모습을 한 길고양이도
그동안 사람냄새가 귀했던지
주변을 맴돌며 우리와 동무하자고
졸라대는 걸 보니
앞으로 함께 살아가야할 그들이
그리도 인간이 그리웠었던 모양이다

석양에 찾아 든 귀향의 땅에
멀리서 울려 퍼지는 유선사의 은은한 범종소리가
하얀 사바세계 펼치는 매화의 향기와 함께
인간의 탐욕과 분노와 어리석음을
이 곳 장문리에서 깨닫게 하는 것 같다.

이것이 진정 사람사는 모습이겠지?

귀향 16

우려하던
풀과의 전쟁이 시작되었다
날만 새면
비만 내리면
우후죽순처럼
솟아오르는 그들의 저항이

대 부대를 이끌고
밀물처럼 여기저기서
객개 전투와 초해전술草海戰術로
아군과 적군이 뒤섞이고
적군의 생명력은
고래 힘줄만큼이나 질기기도 하다

아군을 살리기 위해 투하된
군량미를 토대로
적군이 기근을 해결하는 상황에서
더위까지 지친 아군은 오직
적군을 하나 둘 제거하는
분리, 소개 작전을 학수고대하고 있다

작전명 '잡초와 농군'
처녀 농군의 앞을 가로막는 자
그 누구도 용서하지 않으리

가차없이 그 싹을 도려내기 위해
30도를 넘긴 날씨에도 불구하고
팔에는 방탄의 긴 토시
발에는 무엇도 뚫지 못할 방수화
괭이와 호미로 무장하고
머리와 얼굴을 가려 누군지 모르는
야물진 농군이 투입되었다

쉽게 끝나지 않을 이놈의 전쟁
막다른 대목에 제초제라는
원자탄보다 위력이 센 방법도 있지만
그들과 공생해야 하기에

선선한 바람이 불고
하늘에서 꽃눈이 내릴 때
화창한 봄날을 기약하며
그들과 전쟁은 잠시 휴전의 숨을 쉬게 될 것이다.

귀향 17

요 며칠
막바지 공사한답시고
눈길 몇 번 주지 않았더니
오기 배차라고
고구마 밭이 호랑이 나오게 생겼다

간간이 내린
장맛비로 목을 적시고
야무지게 피어난
이 놈의 잡초들

하느님이 주신 단물이
어디 저그덜*
먹어라고 내렸간디
우리 곡식들 잘 자라고 내렸지

조금만 참아라
두고 봐라
집 마무리하고
너희들 잡으로 나갈 터이니

---

* '너희들'의 전라도 사투리

농부가 화내면 얼마나 무서운지 모르지?
이제 너네들 다 죽었다.

귀향 18

귀향 길 어렵다 누가 말했던 가
온전한 귀향 앞두고
적응 시간이 이렇게 힘든 걸
그중 어려운 일은
아마도 날만 새면 풀과 싸우는 일

그네들도 살아야 하고
나도 살아야 하고
둘 다 살 방법을 찾기 위해선
몸보신에 좋다는
묘안을 짜내는 것도 좋으련만

그래 덮자
검은 장막 앞세워
다 덮어 버리자
보기도 싫고
잘나가는 모습도 싫고

그래야 나머지 땅에
풍족하지 않지만 곡식심어
오는 친구, 가는 손님
콩 한 줌이라도 나눠 먹을 수 있을 테니

징헌 놈의 풀
호랭이는 어디 갔디야!
이놈의 풀
안 물어 가고?

귀향 19

집 주인의 허락도 없이
사방에 투망을 치고
거미란 놈이 벌써부터
첨단 눈을 번득이며 망을 보고 있다

마무리되지 않는 공사로
돈과 시간은 계속해서
쏟아 부어야 할 판인데
거미는 그 틈을 이용해서
생활전선에 일치감치
뛰어든 형세이다

이들과 공생을 전제로
나선 낙향 길이라지만
집 주인도 입주하기 전에
허락도 없이 좌판을 벌이고
영업에 나선 것은
무슨 경우인고?

지나가는 모기 한 마리가
그들의 생명의 양식일거고

한 눈 판 파리 한 마리가
그들의 생을 보전하기 위한
유일한 수단이라면
그래, 우선 빌려 주마

네가 필요한 공간을
나중에 나 오거들랑
내 길 막지 말고
나 괴롭히는 하루살이나
몽땅 잡아 죽이나 쑤어 먹어라.

* 제10회 문학대상 수상작

제 3 부 / 나비네 여덟 가족

귀향 20

경덕재經德齋에 가면
우릴 반갑게 맞이하는 친구 하나
언제부터인가 우리 집이
제집이 되어 버린 길양이

'나비'라는 이름의 노란색 옷을 입은 아이는
우리가 오는 시간을 귀신같이 꿰고 있는 듯
그간 제 목소리를 들려주던 것에서 더 나아가
이제는 데크 위까지 자리 잡고
자신의 존재감을 알린다

밥 한 그릇 얻어먹는 재미로 놀러 왔다가
지금은 독채의 저택을 차지하고
의당 우리가 나타나면
인간에게 민생고를 해결해야 하는 의무가 부여 된다

비록 이 공간을 인간이 꾸며 놓았지만
지나가는 바람도 잠시 쉬어가고
날아가는 산새도 잠시 들러 가는
너 나 모두에게 열려 있는 곳이기에

공간과 시간을 같이 공유하고자 하는
나비의 숨은 뜻을
이제 자연스럽게 받아들이고
그와 함께 생활할 용의가 있다

자연과 함께 살아가고
살아 있는 생물체와 공간을 함께 나누며
그들과 함께 호흡하는 생활을
할 수 있다는 것이
바로 전원田園이 좋다는 것이지 무엇이겠는가.

귀향 21

창 밖에
처연하게 쪼그리고 앉아
더위를 피하고 추위를 피해 다니는
경덕재 길양이 나비를 보노라면

창 안에
여유만만 방울 달고
더위와 추위를 골라 살아가는
아파트 은비를 보노라면

하나는 애견 샵에서 만났고
하나는 경덕재에서 만난 것만
다를 뿐

둘 다 우리와
정이 들대로 들어버린
정 붙이들

만나면 반갑다고
몸 비비고 꼬리 내 두르며
애교떠는 모습은 꼭 닮은
두 생명체이건만

유리 창이라는 경계를 사이에 두고
하나는 흙 수저로 살아가고
하나는 금 수저로 살고 있다

누구는 흙 수저로 태어나서
흙 파먹고 살고
누구는 돈에서 태어나서
돈 파먹고 살고

우리네 삶이
언제부터인가
흙 수저로 사는 사람과
금 수저로 사는 인간으로
나뉜 것처럼

왜 저들이
우리의 미련한 모습을 닮아가는 것인지
그들을 보는 낸 맘이 착잡하기 짝이 없다.

귀향 22

너하고 만난 인연이
365일하고도 100일이 넘었건만
너를 자식처럼 생각하고
너를 식구처럼 대하지 못하는 것은
아직도 너에 대한 사랑이 부족한 탓이로구나

전생에 무슨 업보가 있기에
뿌리도 가문도 없는 곳에서 태어나
길거리를 방으로 삼고
우리 집을 단골로 삼고
그리도 유랑하면서 살아가는지

태생이 어디면 어쩌겠나
현재의 삶이 중요하고
너와 내가 만난 인연이 중요한 게지

소염제 몇 알로
너의 생명을 연장해 보려는 돌팔이 의사다만
동물이든 식물이든
나이 먹으면 추해지는 것은
누구도 막을 수 없으니

여우같은 길순이와
토끼같은 일순이, 이순이, 삼순이 생각해서라도
구역과 가정을 지키는 엄친嚴親으로
자식 사랑하는 자당慈堂으로서
이제 어엿한 처자식 거느린
가장이 되었으니
아프지 말고 건강하게 살아야 한다

어른스럽고 늘 넉넉하고 듬직한
너를 만나는 기쁨이 있어
전원에 맛 붙이고
경덕재에서 살아가는
내가 희망이 생기게 말이다.

* 길양이 나비

귀향 23

어디서 온지도
어디서 태어난지도 모른 채
어쩌다 연상의 남자
나비를 만나 사랑에 빠졌던 나

사랑의 열매
일순이와 이순이, 삼순이를 얻어
경덕재를 놀이터 삼아
살아 온 세월

또다시 저지른 조급함에
일돌이와 이돌이, 삼돌이를 얻어
여덟가족 행복한 삶
일구어 오던 시간

잠깐 한눈 판 사이에
이승과 저승을 오가고
두 번째 순산했던 아이들이
눈에 어른 거려 눈을 감을 수 없다

채 젖을 떼지 못했는데
이 아이들을 누가 키울 것이고
누가 동냥 젖을 얻어 먹일 것인가

피붙이를 떼 놓고 가는
어미로써 역할을
다 못한 내죄가 너무 크다

안돼 안돼
정들었던 주인댁 마님은
비록 나를 내 남자보다 알아주지 않았어도
미워하지는 않았고

매 끼니마다
젖먹이들 위해 챙겨주던
그 공덕 갚지 못하고
떠나야 하는 이 내 몸을
그 은공은 어쩌라고

세월이 무상하다
운명이 무심하다
우리 아이들 어쩌라고
나에게 이런 운명이
찾아 온 줄을 몰랐네

마지막 희망의 끈을
잡고 메달려 있지만
앞이 보이지 않고
정신은 희미 해진다

애들아 잘 살거라!

* 길순이

귀향 24

찬 바람이 분다
장문리의 찬 바람은
유독 독하다

서해 바다에서 일어
호남 평야를 거쳐 왔으니
닮대로 닮은
그 매서움이 더 크다

찬 바람불면
우리집 만년 손님
길양이들 출퇴근이
용이하지 않아서
걱정이 하나 앞선다

여덟 가족 중
다섯가족만 남았으니
알콩달콩 살아야 하는데
토즛대감 나비가 요즘 보이지 않는다

애비가 나타나지 않건만
나머지 가족은
아무런 걱정도 없다

상면한지 3주일이 지났으니
더 기다려 보련다
아마도 좋은 소식 주려고
기다림을 준 듯하다.

귀향 25

원래 집 주인 떠나는 날
소식 없던 방랑자 나비는
눈이 한 자가 넘쳤는데도
꼬리를 감추고

태평세월 나머지 네 식구
한 겨울 방풍 옷 입은
커다란 하우스에
몸을 맡기고
생존 위한 농성을 한다

동물세계가 아무리 냉정한
생존경쟁의 틈바구니라 해도
지 애비 집 나간 지
한 달이 되었건만
찾지도 않고
소한小寒에도 무덤덤하니

빈자리 외로웠던지
지나가는 과객
재순이 불러

없던 살림 나눠먹고
휴식도 함께 하는 구나

가족애 기대하고
애타는 것은
부질없는 인간만의 염려가
된 듯하니

마지막 가는 길
염殮이라도 제대로 했으면 좋으련만
부디 다른 세상에서
후덕한 이웃만나
행복하게 살아가기를 빈다.

귀향 26

부모도
형제도
친구도 모두 떠난 지금
외롭지만
꿋꿋하게 살아가야 할 시간들

누가 인정하지 않더라도
오늘도 터전 찾아
하루끼니를 해결하고
주인에 문안인사로 하루일과 시작

세상은
세차고 모진 것이어서
믿었던 형제들이 떠난 세상을
홀로
난 이렇게 버티고 서 있다

인간이었다면
진작 포기했을 질곡의 삶
비바람도, 햇빛도, 벌레소리도
나에겐 희망의 끈이기에

누구를 탓하기 전에
아빠 나비의 막내로 태어나
복이 없어 본디 약체에다
뜻하지 않은 사고로
몸져누워 있던 지난 시간이
그들이 내 곁을 떠나간 이유

생명을 결코
가볍게 여기지 않는
좋은 주인 만난 것이
하늘이 준 나의 천명이고
세상이 날 버려도 살아야 한다는
희망이 나를 버티게 하는
힘의 원천이니

주어진 생의 기간
친근한 경덕재 주인과
가까운 야생 풀밭과
더불어 하늘이 준
생명 지켜 나갈 것이다.

* 삼돌이

귀향 27

나비가 떠난 길
뒤 따라 길 나선 일순이네 가족
그리고 일돌이네 형제간들

유일한 혈육 삼돌이
정들었던 경덕재
다른 애들한테 내주고
자취를 감춘 지 세달 만에 나타나
알아주니 기쁘고
다시 만나니 반갑다

기다림과 걱정 반
다시 보지 못할 것 같아
늘 슬프고 불쌍한 생각에
다른 애들 수없이 다녀가도
삼돌이만큼 정 붙지 않았던
눈물샘 자극한 시간들

허나 당당하게 내 집이라고
큰 소리 쳐도 시원찮은데
이번에도 소리 소문없이

숨어 버렸으니
또 너를 기다리는
망부석이 되어야 하나보다.

제4부 / 남의 집 같은 내 집

귀향 28

여기도 꽃 저기도 꽃
개나리도 벚꽃도 목련도
모두가 날 보라 하네

눈발 날리던 날에는
웃음 한번 주지 않더니만
이제 웃는 것은 무슨 심사인가

평상시 잘 하란 말씀
어찌 인간에게만 해당될까
만물이 다 그런 것이지

꽃 눈발 날리던 날에
세상 살아가는 방법의 터득이
어찌 이번 뿐이던가

매번 찾아오는 봄을
가까운 곳에서 찾지 않고
내가 모른 체 한 인과응보이겠지.

귀향 29

색이 돋는다
싹이 솟는다
온 만물이 생기 가득한
희망의 노래가 넘친다

동물이건 식물이건
새로운 생명의 잉태는
신비롭고 조화롭고 환희에 찬 일인데

더 더욱 자연이 부른 봄의 마력은
우리에게 강한 생명력으로
자연과 친화력으로
다음을 위한 나눔으로 다가서고 있다

수없이 차오르는 두릅나무 순은
귀향의 종종걸음을 하고
두려움에 떨고 있는 처녀 농군 달래기

의지와 달리 이사하다 그만 목이 잘린
검은 대烏竹는 오랜 죽음과 싸움 끝에
강한 회생력으로
세 가닥 힘차게 솟아오르고

무지한 농민 만나
세 번이나 이사한 매실나무는
오랜 몸살 끝에 탱글한 열매를 낳고 있어
인간적으로 미안하면서도
마음만 들뜬 귀향의 꿈을
더 부풀게 하고 있다

그래서 사람들은
귀농에 안달하고 귀촌에 미치고
시골로 시골로 귀향을 서두르는 가보다.

귀향 30

귀향의 땅에
푸른 기 멀리한 채
아름답고 얘 띈
빨간 구두의 아가씨가 나타났다

언제 보아도
탱탱한 그 색감에
동네 총각들 가슴은 울렁거리다 못해
금방이라도 터져 버리고

솜털로 치장한
한참 물차 오른
그 입술 바라 본
남정네들은 모두 죽어 나 자 빠진다

매년 이맘 때이면
달 달이 찾아오는 달거리처럼
울타리에 찾아 온 진한 유혹의 입술

열병을 앓는 동네 총각들
가슴에 피 멍들게 하는 범인은

그 입술로
내년에는 이순을 바라보는
나를 유혹할게 뻔하다.

귀향 31

제비가 물어다 준
박씨 하나 심었더니
심한 몸살 끝에
털보숭이 박이 주렁주렁

같이 매달려 있는 신세
울퉁불퉁한 여주를 비웃고 나서
하나 둘 털보숭이 털어 내고
매끈하고 단단한 껍질로 치장하더니

장맛비로 목 적시고
장문리 햇빛으로 일광욕삼아
두승산 바람 몸 껴안으며
하루하루 야물어 진다

헌데 이놈의 박 행실이 수상하다
날이 갈수록 배는 볼록 허리는 잘록
흥부네 박은 간데없고
미스 코리아 날씬한 표주박일세

표주박이면 어떻고 놀부네 박이면 어떠한가
저 박을 쓱싹 타거들랑
이도 저도 말고
행복만 나오거라

이 박을 쓱싹쓱싹 타거들랑
이도 저도 말고
화목만 나오거라.

귀향 32

작렬하던 8월의 해가
성황산으로 숨어
땅거미가 드리울 즈음
못 마시는 맥주 한 캔과
안주 몇 가지를 가지고
2층 테라스에 앉는다

나이 든 앰프에 흐르는
조관우의 가성이
귓가를 자극하고
가로등 등꽃을 몸으로 막은
노쇠한 감나무 가지사이로
작은 불빛이 새어나와
층층이 쌓인 벽돌에
농익은 활동사진을 이어 간다

무딘 알코올
차오르는 달빛과 희미한 가로등
먼발치 두승산의 형상과
해마를 닮은 정자나무 두 그루
잔잔히 흐르는 음악과
사방으로 에워싼 산새 우는 소리

되돌아 온 가을의 선선한 바람이
몇 개월간의 누적된 노동의 피로를
살며시 보듬으며
우리 둘만이 차지한 카페 분위기를
흥건히 젖게 만든다

바로 이런 맛이야!
전원생활이라는 것이

차 한 잔을 마셔도
남의 집 같은 내 집의 맛…

귀향 33

메말랐던 고추 밭에
하늘에서 모처럼 단물이 내리던 날

어릴 적 한없이 내리던 집시랑 물*
손 바닥에 받으며 놀고 있노라면
손 등에 사마귀 생긴다며
어머니 야단 쳤던 그 때가 있었지

빗물과 사마귀의 연관성을 물어 보지도 않은 채
그저 물러나
쏟아지는 빗물만 물끄러미 바라봤던 그 시절

빗소리가 정겨웠던 것이 엊그제 같은데
벌써 반백이 되어
고향 집에서 보였던 고조가 누워계신 신선대를
이제는 장문리에서 바라보며
그리웠던 그때의 빗물 떨어지는 소리를
50년 후 또다시 벗 삼아
그 추억에 넋을 놓는 시간 갖고 있으니

---

* 집시랑 물 : 낙수 물의 방언

조망하는 위치만 바뀌었을 뿐인
초가지붕과 아스팔트 쉬글 지붕의 차이와
토방과 대형 창문 사이에 두고

그 때 그 시절 그 소리
경덕재에서 귀한 손님
가을비를 맞고 있다.

귀향 34

천치재 넘은 햇살이
경덕재 정이품송을 비치면
아침이 시작되고

두승산 넘어
우람한 정자나무 장박을 비추노니
점심 밥 먹을 때가 되고

남산을 거쳐
성황산을 걸터 앉으면
저녁이 된다

햇님이 산에서 태어나
산에서 살고
산에서 그 생을 다할 때
경덕재의 하루도
삶과 마감을 함께 하는 것이니

하늘이 하는 일은
매일 반복되는 일과라지만
경덕재는 벌써 울긋불긋
옷을 갈아입고
겨울맞이를 준비한다.

귀향 35

사시사철
밤낮없이
상념에 싸인
창 넘어 여인하나

뭐 그리 골똘할까
세상 걱정 다하는 사람처럼
자세하나 흐트러짐 없이
바위에 걸쳐 앉아 오늘도 망중한

키 넘은 소한 눈도
아랑 곳 하지 않고
오는 바람 가는 바람
쓸쓸이 맞이하고 보내니

그래서 반갑다
주인 없어 쓸쓸한 경덕재
지켜주는 여인 있어 좋다

석부인石婦人 그 덕으로
일순이네 식구들도 함께
이 곳에
기숙할 수 있으니 말이다.

귀향 36

누구는
잠시 쉬려고
경덕재를 찾고

누구는
친구 만나기 위해
여기 찾는다

목적은 다르지만
찻잔을 앞에 두고
이야기 나누다 보니
어느새 동상이몽同床異夢이
오월동주吳越同舟가 되었구나

안 오면 심심하고
만나면 반가우니
귀향의 매력이
바로 이런 것

마음은 50년 전
머리는 희끗 희끗

상상은 구부러지고
귀향은
과거, 현재, 미래가
있어 참 좋다.

귀향 37

늘 푸름에 반하고
희망을 꿈꿀 수 있어
너를 가까이 두려 하거늘

집 떠나
객지에 둥지 틀고
자리 잡는 것이
쉬운 것이 아니어서 인지
1년 내내 몸살이라
보기에 참 딱 하구나

잘 견디어야 한다
네가 잘 버티어야
나도 경덕재에 정 붙이고
너랑 오래오래 살 것 아니겠느냐

외롭지 말라고
비록 살아 숨 쉬는 것은 아니지만
정이품송 곁에 마련하였으니
둘이서 도란도란
이야기 나누면서 큰 숨 내쉬 거라

네가 건강해야
봄에 노란 분내 맡고
여름에 그늘 벗 삼으며
가을엔 단풍구경
겨울엔 눈사람 만나지 아니할까

객지도 정붙이고 살면
다 고향되고 터전 되니
부디 몸 건강히 살아서
정이품송正二品松 칭송 받고
보란 듯이 함께 살자구나.

귀향 38

시원한 참에
시작하려던 일

부지런한 일개미는
이미 일을 시작하고 있다

인간이 부지런한 한들
어찌 비할 수 있을까
알아주던 알아주지 않던
조직에 충실하고
여왕 개미에 충성하는 걸 보면

인간은 앞뒤를 재는 것이
많기도 하다

하찮은 미물도
작은 것에 욕심부리지 않고
한평생 일만 하다가 사라지는 것을

인간의 욕심인지
조물주가 잘못 만든 것인지

부질없는 것에 승부 걸고
지나친 욕심에 인생 건다

정작 개미 닮은 인간은
이 세상에 없는 것인가.

귀향 39

울어 줄 힘도 없다
날갯짓 퍼덕거릴 힘도 없다

얼마나 울어 댔는지 모른다
낮이고 밤이고
목이 터져라 울었다

7년의 땅속 운둔의 세월 서러움
아니 7년만에 세상에 나온 기쁨
헤어졌던 가족과 친구 만남 환희에 울었다

한 달간의 환생
이제 떠나 가야하는 시간
애석하고 슬픔일이지만
운명을 거역할 수는 없는 것이거늘

기쁨과 슬픔 서러움으로
범벅된 시간들

차라리 차곡차곡 주름상자 접어
가야금 한 곡조 멋들어지게 키고
한바탕 놀고 갈란다.

귀향 40

참 허망한 일이다

가뭄이 오래되다보니
주말이면
스프링클러를 연거푸
돌리느랴 땀깨나 흘렸건만

건지려는 채소며 정원수를
다 살리지 못했으니
이런 낭패가 어디 있는 가

그 중 제일 마음 아픈 것은
경덕재 초입에 서서
수문장을 자처하고 서있던
홍 단풍나무의 별세 소식이다

그간 장문리를 지키던 것을
재작년 신축과정에서 거처를 옮겨
자리 잡고 살아가는 가 했더니
올 여름의 가뭄을 버티지 못하고
그만 생명의 끈을 놓아버린 것이다

풀이든 나무이든
사람의 손길을 먹고 사는 것이라
모든 것이 부지런하지 못한
내 죄가 너무 크다

진작 죽음과 삶 사이에
힘들었을 것인데
그걸 알아채지 못한 것이
내 어둔함을 탓하노라.

귀향 41

고요하고 잔잔했던 경덕재에
한차례 쓰나미가 지나간다

정적을 깨우는
풍경소리만
가득했던 이곳에

명절을 맞아
하나 둘 친구들이 모이더니
이내 풍악을 울리고
그 노래 소리는
조용했던 장문리를
보름달로 훤하게 조명을 밝힌다

사람 사는 집에
사람이 드나드는 것이
너무나 자연스럽고
당연한 일이지만

적응하지 못하는
우리 은비*는
낯설고 집 설어
그만 숨기에 바쁘고

뒤치다꺼리하는 내조의 여왕
아내의 어깨는
이미 마비 직전이다

팔월 보름 날 날 받아
땅을 울려주었으니
아마도 경덕재는
복 받을 곳임에 분명하다.

---

* 집에서 키우는 고양이

제5부 / 명자가 왔다

귀향 42

꽃이 피었다
하얀 꽃이 장문리長文里에 피었다
그렇게 참고 참아 왔던 눈물을
하얀 꽃가루로 날리고 있다.

꽃가루가 날리기 까지
섣달 세월 목을 달구고
나오지 않는 눈물 짜내고 짜내더니만
하얀 꽃으로 환생되어 나타났다

경덕재가 태어나고
처음 맞는 신고식이라
아무래도 아랫도리가 차가울 것이고
머리에도 냉기가 있겠지만

시간의 흐름에 따라
안고 가야할 운명이라면
아름답게 하얀 눈썹을 달고
하얀 고깔과
흰 부츠도 좋을 듯하다

바람은 차지만
우리가 멋에 죽고
폼에 사니
정자나무에 핀 백화白花와 함께

경덕재經德齋의 설국雪國
한 자랑 하고 있다.

귀향 43

경칩이 오던 날
겨우내 비어 놓았던 공간에
용 반송과 목련, 연산홍 심고
인심 좋은 동네어른 정성 모아
철쭉과 백일홍, 매주나무, 수선화로 경덕재經德齋
꽃단장하니
외롭던 정이품송正二品松 비로소 벗을 만났구나

작년에 새 터 잡고
장문리長文里 칼바람 이겨내며
미소 머금었던 매화가 환하게 웃는가 하였더니만
새봄을 환영이라도 하듯
온 세상이 눈꽃으로 장식되고 말았으니
설중매는 어찌해야 좋을까

새로운 곳에 터 잡으러 나선
반송과 배롱나무, 명자나무는 또
질투의 화신 활짝 핀 설화雪花로
정 붙이기도 전에 고뿔 먼저 들게 되었으니
경덕재에 한 식구 되려는 것이
이렇게도 어려울 줄이야

그래도 걱정할 것 없어 보이네
영원한 불의는 존재하지 않는 것처럼
한번도 시샘의 꽃샘추위가 봄을 이긴 적 없으니
눈꽃에 질세라 매화도 조만간 활짝 웃음 짓고
희망이 넘치는 터전이 될 것이니.

귀향 44

매화가 웃는다
터 잡은 지 1년 만에
다시 맞이하는 봄날은
또 한 세월을 시작한다

거처를 옮겼던 터라 지독한 몸살로
제대로 웃지 못했던 거년에 비하면
땅 맛을 터득하고 맘고생 덜하며
올해는 봄날다운 봄날을 맞는 매화다

매화의 웃음소리가 넘칠라치면
그 웃음 바이러스 또다시
앵두, 대추며, 모과, 감나무로 번질 것이고
웃다보면 결국 배꼽 빠져
후세를 생각하는 탐스러운 열매로 바뀌겠지

매화가 매번 웃을 때마다
꽃단장, 옷단장하는 사연으로
시골티 나지만 도시다운 정원이
조금씩 사리 잡혀가며
제법 틀이 잡혀가는 경덕재

하나 둘씩 늘어나는
새로 불어나는 식구들 보면서
먹지 않아도 배부른 포만감으로
더불어 함께 웃고
더불어 기대고 사는 세상이 만들어 질 것이다.

귀향 45

매화 꽃,
감 꽃 지고
땡감 멍들어
마당 안 주황색으로
물들이던 장문리

그렇게 애지중지 가꾸던
연산홍, 철쭉 만발할 때
봄을 맞이하던 곳이었는데

언덕바지 피어오른
황갈색 정자나무 옷 벗고
하얀 솜바지 입으며
겨울 세 번 바뀌었던 계절에도
돌아오지 않던 당신이

몸 떠난 자리
혼魂과 한 장의 영정影幀으로 돌아 온 길

새집 짓고
이제나 저제나
기다렸던 자식의 바람도 소용없이

찬바람 부는 날
날 잡아

검은 띠 두른 채
이름 열자 세로지어
'현비유인동래정씨신위顯妣孺人東萊鄭氏神位'
앞세우고 나타나셨으니

돌아오는 길이 이리도 힘들었습니까?
이제 오시기에

귀향은 어렵고 힘든 길
생전에 만나기를
애타게 고대했던
사모思慕 꽃이 지던 날

이천 십팔년 일월 오일입니다.

귀향 46

입춘 날
빨간 꽃 대신
눈꽃이 만발하고 있는 걸 보니
경덕재의 봄이 오지 않을까봐
머리가 하야진다

초읽기 들어 간 2월 달력
겨울의 끝은 보이지 않고
이러다가 봄은 오지 않는 것일까
걱정을 앞세우니
생각만 해도 끔직하다

하긴
봄은 하늘에서 오는 것이 아니지
봄은 저 깊은 땅속에서 서서이
우리도 모르게 오는 것을
잠시 깜박 잊어구나

봄은 다시 용 솟음 칠 것이다

아무리 매서운 동장군을 대동한
온 누리를 지배하는 백마 군대라 해도
봄을 거부할 수 있는 자는 없으며
지구상의 어떤 권력도
봄을 이긴 자는 없었으니 말이다.

귀향 47

낙엽 지던 날
감나무에 앉은
하얀 꽃을 보았고

첫 눈 내리던 날
나무에 걸터앉은
하얗게 핀
꽃 떼를 보았다

매화 꽃 피던 날
탐스런 알맹이
토실한
청 매실을 보았고

매실 따던 날
시콤 새콤한
입안에 노니는
아삭한 매실청의
맛을 느꼈다

이렇듯
귀향의 한해는
한발 앞선
계절을 매번 본다.

귀향 48

어제 저녁 만나
밤새 진한 정분 나누고

아침에 아무 일 없던 것처럼
각자 일을 찾아 떠나면서도

또 오늘 저녁
그를 다시 만나야 한다

아직은 빠른 봄날
청초하고 가련한 엷은
분홍 나팔 불며

매일 만남과 헤어짐을
반복하는 운명의 장난

나비처럼
살랑살랑 날갯짓하며
우리는
영원히 변치않는
사랑초라네.

귀향 49

부끄러움 간직한 채
숨죽이며 피어난
너의 모습

빼어난 자태와
너의 은은한 향은
천리 밖
연인들을 부른다

그대에게서
피어난 양귀비도 반했을 향수
어느 것과 비길까

봄을 기다리는
사람들에게
마구 뿌려대는
그대는 얄미운 천리향.

귀향 50

봄이로다 봄이야

산에도
들에도

너의 마음에도
나의 가슴에도

모습 드러내지 않고
봄비 따라 왔다 가는 봄
왔다갔는지
너도 모르고
나도 모르고
봄은 마술사이로세.

귀향 51

벚꽃 휘날리는 날
몸속에 솟아오른
꽃비 두승산 누비고

숨죽이며 기다리던 그는
한 발 건너
동네사람도 모르게 여름으로 달리네

기다림은 사시사철
떠나는 시간은 순간

부질없다 하면서도
또 기다리는 바보

그이는
내년에도 또 오겠지?

귀향 52

사람들은 소식 왔다고 한다
매화도 덩실 춤추며
목련한테 놀러가잔다

농부는 바빠지고
겨우내 쉬던 황소가 기지개키면
없던 바람이 일어난다

그리던 춘분 날
기다렸다는 듯이
봄눈春雪의 심사는
봄맞이 하려던
모두를 멈추게 한다

춘설의 강짜
자고로
'꽃샘에 설늙은이 얼어 죽는다' 하였거늘

경덕재에도 찬바람이 분다.

귀향 53

기다리던 명자가 왔다
진한 립스틱 짙게 바르고
뭇 사람을 유혹하던
그 명자가
봄바람 타고
살랑살랑 꼬리를 흔들며
명자가 들어선다

빨간 입술에
몇 점 노란 수술로 연지 찍고
활짝 웃기도 하고
수줍은 듯 다소곳 입술 다물기도 하다가
입술 굳게 닫고 삐진 듯 표정도 하고

뭍 남자들의 가슴 후벼 파는
겸손한 그 이기에
잠시 왔다 가는 줄 알면서도
찬바람이 가실 때이면
명자가 보고 싶어 진다
명자가 기다려 진다.

귀향 54

수줍은 듯
웃다가 다물고
다물다가 웃는 미소가 매력인
희고 노란 꽃등 손님

타고 난 성품은
신비롭고
자존심 강하고
고결하지만

어느 곳이든
자리를 가리지 않고
더불어 살며
환한 미소로 사는 게 그의 매력이다

개나리와 다르게
녹색 날개옷에
접시 위 금 잔 얹고
다가서는 그대는
칭순 그 사체

그래서 봄이면
사람들은
미소년 나르시스를 생각하며
그대 수선화를
눈 빠지게 기다리나 보다.

귀향 55

봄이면 활짝 웃음
먼저 봄소식 전하는
빨간 처자

누가 반기든 반기지 않든
봄이면 변치 않는
파고드는 그의 정열

작은 집 마당 한 곁
수년을 버티며
주인 맘에 들기를 고대하고 웃다가
팔려 온 고아 신세

거년에 경덕재에 시집 와
1년의 몸살 겪으며
혹독한 더위와 추위 견디고
척박한 마사토에 몸을 묻었다

아직 성하지 않은 몸이지만
새 집에 왔으니
새 주인한테 봄소식 전해야지
그래야 정 붙이고 살지
사랑하며 또 다른 벗들과 춤추는 철쭉.

귀향 56

태양신 아폴로와
서풍의 신 제피로스 사랑싸움 속
아폴로의 사랑 받다가
결국 제피로스 질투로
그만 생 마감해야 했던 소년 히아킨토스

붉게 물들었던 풀들 사이
바로 그자리에 한 그루 꽃
하얗고 연 빨갛게
자주색으로, 진한 보라색으로 피어나니

사람들은 그를 그리스 아름다운 청년
히아신스의 영혼이 담긴 꽃이라 하였다

이른 봄
보라색 눈 가진 청년이
기지개로
잠자던 대지 눈 뜨게 하는 모습 보며

마음의 기쁨, 겸손한 사랑이라고 하지만
또 다른 사람들은

그의 달콤한 향기에 취해
봄에 환생한 기쁨보다는
슬픈 사랑을 떠 올리게 되니

매년 봄이면
지사정智士亭* 앞 자리 잡고
봄소식 전하고 있는 그를
나도 슬픈 일이지만 사랑하지 않을 수 없다.

---

* 지사정智士亭 : 경덕재 옆 모정

귀향 57

그 좋은 날 놔두고
입하立夏 지나 따뜻한 바람 부니
비단 옷 입은 귀인

일 년에 한번 오는 길이니
꽃피는 춘 삼월에 왔으면 좋으련만
어디 다 한 눈 팔다가
이제 나타나
내 자리라고 강짜*

사랑하는 무혜비武惠妃 잃고
황제 방황할 때 홀연히 나타나
천륜을 저버린
당 현종 선택 받은 그녀였으니
어찌 사람들이 그를 미워하지 않을까

예전의 영화榮華, 사랑 독차지하기 위해
올해도 먼저 다가와 꼬리치니
사람들은 본디 맘이 약한지라
밉지만 가까이 놓고 보려한다

---

* 강짜 : 강샘의 사투리

오죽했으면

그 이름을 개양귀비라 했을까.

귀향 58

숨은 듯
수줍은 모습보이다
이내 숨어버리는
그대는

또다시
터질 듯한 미소로 다가와
심장 콩닥거리게 한
그대는

탐하여도 탐낼 수 없고
탐내도 탐할 수 없는
그저 바라볼 수
있는 것만으로 행복한
그대는

울타리 밖 서성이며
웃는 낯으로
가슴 조리게 하는
그대는

눈 감으면
살며시 다가와
잠시 빨간 입술
얹고 떠날 것 같은
그대는

이대로 영원히
그 설렘 가슴속에
남겨주면 좋으련만
여름이 더 달아오를 즈음
늦봄을 기약하며
그는 말없이 훌쩍 떠나가 버린다.

귀향 59

벌써 담장 너머로
달려 나가는 애정의 한숨

오늘은 오시려나
지쳐가는 기다리는 마음

손가락 하나 꼽고 긴 밤을
손가락 둘 꼽고 뜬 눈의 긴 밤을
손가락 또 하나 꼽고
새 하얀 밤 지새우는 심정

님 그리는 간절함이
목 메여 우는 그리움이
하루하루 셀 때마다
몸은 굳어만 가고

가려린 긴 목 빼고
기다리던 그 자리
담장에 한 팔 뻗고
자리 잡아 뿌리 내리고
님 부르는 나발대 모양
하나 둘씩 꽃으로 피어나네

남들은 내속 알까
곱다고 하지만
이내 몸은 이미 망신창이
붉게 타오른 능소화의 이 마음을.

귀향 60

내가 웃고 이 더위 간다면
내가 웃어 이 훈 더움 사라진다면
어떤 햇볕이라도
다 감내 하고 참으리라

25년 만에 만났으니
얼마나 반가롭겠 만은
반가운 얼굴 할 수 없는 처지라
어쩌다 이런 슬픈 인연되어
남의 눈치 봐야하는 신세

누구 탓을 한들 무슨 소용 있겠는가
모두 편히 살려는 인간들이 저질러 놓은 원죄려니

한 가닥 희망으로 살련다
내가 인내하는 이 순간
가을을 부르는
코스모스 곁에 있으니

비록 백일 밖에 웃지 못하는 신세지만
백일기도하면서
내가 웃어 가을이 올 수만 있다면.

귀향 61

한 달간 가물었던
매 마른 앞뜰에
몇 송이 웃음 꽃피어
경덕재에 생기 돌고
불볕의 끝자락이 보이는 듯하다

잡풀사이 힘들게 해치며
몸도 제대로 가누지 못하는
가련하게 꽃대 세우고
한 가닥 희망으로 소생한 그

몸 온전히 지탱할
푸른 떡잎은 아직 미동도 없고
이러다가 올해도
사무치게 기다리다
빗나간 사랑하는 것인가

웃음 지우고 사라진 후라도
마음 속 깊이 간직한 해후
눈가엔 눈물 가득
오늘도 기다려 보련다

또 올 여름에도 만나지 못하는
슬픈 사연을 간직한 눈물
그 뜨거운 눈물 모아
차라리 타들어가는 작물에 식수 되고
손꼽아 기다리는 선선한 가을을
불러오는 마중물이 되련다.

귀향 62

하얀 꽃이 내릴 때
우리는 겨울을 연상한다

수수하면서도
소박하고
담백하면서도
소담한 하얀 꽃

그가 오면
가을을 연상케 하고
분명 가을을 재촉하는
가을맞이 꽃이다

작년에도 오고
올해에도 또 오고
매년 그때 즈음이면
나타나는 그 이지만

반가운 것은
화단의 국화 꽃
환하게 웃을 때

하나 둘 다른 꽃들도
바이러스처럼 웃으며
결실을 장만해서이다.

귀향 63

사랑한다는 것이 매우 힘들다
기다리다가 지쳐서 그만
그러면 나타나고

또 기다림
그리고 지쳐서 그만
그러면 또 나타난다

기다리지 말아야 하는지
지치지 말고 기다려야 하는지
도대체 사랑의 정체를 알 수가 없다

한해 한번 사랑하기도 힘든데
1년에 두 번씩이나
피 멍든 사랑을 할려니

상사화에 빠져
몸져누웠던 몸
이번에는 꽃 무릇과
또 피 맺힌 사랑을 해야 한다

사랑은 결코
행복만이 아닌
인내를 동반한 아픔도 크더이다.

귀향 64

하얀 화선지에
작은 앵두 여러 알 그려 넣고
시도 때도 없이 드러낸
곧은 심지 붉은 유혹

몸은 가냘퍼 도
한 추위를 버티는
외유내강의 체질

흰 눈 펄펄 날리던 날
화려한 외출 나서는
삭막함을 막아주는 그이가 있어
희망을 갖는다

찬바람 일 즈음
빨갛게 노랗게
온 몸 불살라
만든 빨간 사리

그 자태에 반해
추운 날 까치도 참새도

눈요기 하느랴
여념이 없네

다들 한 철
몇 걸음 내 보이고 다 하는 양 하는데
천하의 남천南天만큼은
사시사철 그 맘 변치 않고
즐거움 선사하니
얼마나 고마운 일인가.

귀향 65

꽃과 함께 왔다가
동행했던 친구따라
바람처럼 떠나는 너

내년에 다시 오련만은
미련과 아쉬움 남는 것은
채워지지 못한 사랑 탓일까

왔다가는 것이 인생이라
꽃이라고 못할 바 없고
축제라고 못할 것 없건마는

어쩐지 맘이 짠 한 것은
봄을 봄답게 맞이하지 않고
만나주지도 못한 탓이려니

꽃비 내리던 날에
떠나는 너의 뒷모습 보노라니
실속없이 바쁘다는 핑계로
너를 반갑게 반겨 주지 못한
모두가 내 탓이로다.

제6부 / 인생의 길

귀향 66

감이 떨어진다
요즘 감이 떨어진다
나이 살 먹으니
감이 떨어진다

경덕재의 한 여름 아침
무게에 축 처진 감나무의
익지도 않은 땡감이
영감 행세하며 떨어진다

땡감도 익은 감도
때를 가리지 않고 떨어지는 걸 보니

젊은 시절 총력 좋다는 선배들의
칭찬 들으며 살아 왔는데
세월 속에 묻힌 나이는
감도 함께 묻게 한다

기억력도, 느낌도,
삼도 떨어지니 말이다

인간도 감 떨어진다는 것은
마당에 감처럼
되돌아 갈 때가 된 모양이다.

귀향 67

코스모스가 먼저 나선 길
하연 국화 웃으니
이번에는 노란 국화가 자리를 떨고 일어선다

늘 이맘때이면
떠나는 길이라지만
올 가을은 여느 때와 다르다

혹독했던 지난 폭염이 있었고
그놈의 가뭄에
아끼는 자식을 버려야 하는 아픔과
생사의 갈림길을 오고 가기를 여러 차례

나서기는 혼자지만
혹시 외로울까봐
너도 나도 동행을 자처하는
가을로 가는 길

그래서 가을로 나선 길은
비록 그 길이 객지일지언정
결코 외롭지 않다.

귀향 68

연두 떡잎
녹색 옷 갈아입더니
무덥고
지루한 장마 터널 지나
가을로 나선 길

얼마를 갔을까?
가을의 끝이 보이고
인생의 막장
겨울 길로 안내 한다

떠나는 가을 끝자락 부여잡고
쉬었다 가라 실랑이 하고 있자니
보내는 맘 서운하고
아쉬움만 남는 시간

두승산 오르는 길
가을의 조각
단풍 남겨 놓았다가
아름다운 모습으로 떠나니
겨울로 나선 길이 외롭지 않다.

귀향 69

남에게는 있고
나에게는 없는 것이 행복은 아니다

가졌다 해서 있고
못 가졌다 해서 없는 것이 행복은 아니다

남에게는 후하고
나에게 박한 것이 행복은 아니다

행복은
보이는 것도, 가지는 것도, 야박한 것도 아니다
각자 마음먹기에 달려 있는 것이 행복이요
스스로 행복하다고 느끼는 것이 행복이다.

귀향 70

화덕에
온기가 솟을 때
사람을
웃게하는
존재로 남고 싶어

견디지 못할
화력에도 몸 맡기고
작은 틈새로 스며든
숨을 원료 삼아
활활

누구를 위해 존재한다는 것
자기희생 없이는
할 수 없는 일이어서
그 길이 어려운 일이라는 것을
알면서도 다시 가는 길

내 고통이 남에게 희망이 되고
웃음꽃 필 일이 된다면
이 한 몸 바쳐
기꺼이 붉게 피어나리다.

귀향 71

연기와 열기 사이
피어나는 불씨를 보노라니
의욕이 앞섰던
20대 청년이 생각나고
활활 타오르는
장작을 보노라면
한때 날뛰던
그 때가 떠오르고

정점을 지나
잦아지는 불꽃을 보니
작아지는 어깨의
내 모습을 보는 듯하다

태어나면
돌아 갈 곳을 찾는 인간처럼
활활 솟던
화염의 장작은
어느 새 검은 숯덩이를 지나
백발로 변하여
돌아살 곳을 기다리는
한줌의 보잘 것 없는
존재가 되었구나.

귀향 72

세월은 돌아
한해의 중반을 넘어
종착역을 향해 가건만

이놈의 인생은
아직도 등대를 찾지 못하고
구천을 헤매고 있으니

아무리 돌고 도는 것이
인생이라지만
도는 것도 너무 돈다

돌고 돌다보면
머무는 곳이 있을 터이고
그 자리에 무거운 엉덩이
내려놓으면 그만이라지만

아직도 내려놓지 못하는 것은
인생이 아니고
부질없는 욕심이려니…

귀향 73

갑오년甲午年에 세상이 바뀌는 난리를 치르고도
을미년乙未年에 을미적 허우적 허송세월 보내다가
병신년丙申年에 일어서지 못하고 모두가 쓰러져버린
120년 전의 아픔

희망이라곤 하나도 없고
의지할 곳마저 하나도 없는 병신년丙申年 우리의 삶

한강의 기적을 일으킨 저력으로
50년 만에 이룩한 민주주의 끈기로
이렇게 주저앉을 우리가 아니다

정유년丁酉年에는

하나하나의 촛불이라도
팍팍한 삶에서 벗어나도록
한 줄기 빛이 내리쬐어야 한다

새벽을 여는 닭 울음소리가
새해 떠오르는 태양처럼
한 가닥 희망이라도 주어야 한다

돈 없고 빽 없는 세상을
너네 부모 탓하라는
정유라처럼 개 같은 일은 없어져야 한다

고부古阜에 터 잡았으니
새날 정유년丁酉年에는
420년 전의 악몽은 사라지고
배부르고 등 따뜻한 새날이 열리기를 기도해보자.

귀향 74

당신 생전 서당봉書堂峰에 마련한 자리
모근毛根도 제법 뿌리내려
발 뻗고 편안히 사시려나 했는데
칭칭 감아 버린 나이론
숨도 제대로 쉬지 못했던 지난 10년

오늘에야 그 옥죄었던 오랏줄
훌훌 풀어내고 자유 몸 되었으니
이제야 편안한 잠자고
어머니와 조용히 속삭이게 되었습니다 그려

어머니 살아 계실 때 정읍 장에서 사온 삼베로
당신 것과 함께 지은 수의壽衣라
얼마나 감사한지 단숨에 입고
나섰던 아버지의 황천黃泉 외출 길

어머니가 그랬던 것처럼 아버지도 그랬으니
진짜라고 팔아먹은 놈들 때문에
10년을 맘고생, 답답했을 것 생각하니
가슴이 쓰리고 아리고도 남는다

아버지 사초莎草 하는 날
이제라도 가슴 헤치고 훨훨 날게 되었으니
세상에 이리도 좋은 날이 그 어디 있을까

아버지! 죄송합니다
부모 맘 다 헤아리지 못하고
늘 부족한 것이 자식인 듯 합니다.

귀향 75

참 어려운 길을 간다
다시 돌아올 길을 간다
아니 다시 돌아오지 못할 길인지도 모른다

어디까지 이어질지
어디서 끊어질지 모르는 길이다

그럼에도 길을 떠나야 한다
누구나 떠나야 하는 길이기에 그렇다

설령 길이 아니어도
나서면 길이다

인생의 길도 그렇다
오리무중의 길을
너나 할 것 없이 떠나야 한다.

귀향 76

살면서 수많은 것들과 사연을
기억하고 망각하는 인간들의 삶

기쁜 것은 오래 기억하고 싶고
나쁜 것은 빨리 잊고 싶은데

어떻게 생긴 인간의 뇌구조는
기쁜 것은 쉽게 잊고
나쁜 것은 오래 기억한다

살면서 입었던 수많은 상처들
잊고 싶지만 잔상이 남아 있고
살면서 입혔던 수많은 상처들
기억 못하고 망각의 늪에 넘실거리니

가해자는 망각의 편에 서 있고
피해자는 늘 기억의 편에 서 있는
인간들의 뒤틀린 심사

망각과 기억사이
서로가 서로를 사랑하는 방법을 배워야 한다.

귀향 77

곡우穀雨가 미리 내린
길 건너 두승산 오르는 길

쏟아지는 벚꽃을 보니,
죽어가는 꽃들을 보니
봄날은 가는 모양이다

새 순 돋아
다복한 솔이끼는
계절의 변화를 예보하고
고사리 몇 그루 꺾어
시원한 조기탕의 꿈을 꾸노라니
여름날이 오는 모양이다

살아 있는 생물을 만나고
지고 있는 꽃을 만나고
솟고 있는 생물을 만나고
저물어가는 봄날을 만나고
두승산 오르는 길은
늘 이렇듯 살아 있을거다

이사도 하기 전에
귀향의 매력에 빠지기 시작하니
기대보다 걱정 많았던
그 시름은 어디다 둘꼬?

귀향 78

눈 오던 날에
살포시 창문에 기대어
오지 않는 봄을 기다리고
오지 않는 어머니를 기다린다

눈 오던 날
멍하니 앞산을 바라보며
오지 않는 큰 아이를 기다리고
오지 않는 작은 아이를 기다린다

눈 오던 날에
정작 눈 앞에 와 있는
눈 님은 멀리하고
오지 않는 사람들을 기다리다
망부석이 되었으니

눈 오던 날
금새라도 나타날 것 같은
금방이라도 웃어 줄 것 같은
누구라도 기다리는 것이
귀향은 기다림이구나.

귀향 79

우리에 돼지 한 마리
그는 배불리 먹는 것이 꿈이었고
우리 가족은
돼지가 하루빨리 커서
우리 집 살림 밑천되는 것이 꿈이었지

돼지로 태어나
배불리 먹고
배고프지 않은 밥벌이
각시와 자식새끼와 오손도손
돼지의 꿈은 평범하다 못해 소박하다

다섯 번의 재주넘으며
육십갑자六十甲子 손꼽아 세다보니
다시 돌아 온 돼지해己亥年

세월은 훌쩍
머리에 내려앉은 흰 눈이
백발로 변했으니
돼지는
왔던 길로 돌아 가야할 때가 되었나 보다.

글을 마무리하며

귀향,
나이가 들어 직장을 떠나는 사람이 한번쯤 고민하는
대목이다.
현직에 있을 때 귀양을 생각하기도 하고
낙향을 생각하기도 하면서
참고 견디어 온 시간들이 모여
'귀향'으로 결실을 맺었다.
귀촌도, 귀농이라는 단어를 쓰지 않는 것도
바로 이런 이유에서다.

일찍이 전원생활의 꿈은 있었지만 실행하지 못하다가
집사람의 큰 응원군을 만나 쉽게 마음을 정한 귀향,
그리고 그 결정은 후회 없이 실현되었다.
앞으로는 자연에 순응하고 그들과 함께
숨 쉬고 놀아야 할 시간이 기다리고 있다.

귀향은 그리 호락호락하지 않다.
기다리는 것들이 한두 가지가 아니기 때문이다.

귀향은 북적거림보다는 한적함을 선택하는 것이요
무료한 삶보다는 생각하는 삶을 선택함이다.
어떤 사람은 도회지에 머무르기도 있고
누구는 고향을 찾기도 한다.
삶의 가치관을 어디에 두고 사느냐가 중요한 것이고
그 선택은 각자의 몫이다.

이제 부터는 모든 자연과 어울리고 싶지 않아도
놀아 주어야 한다.
그것이 온 자리로 돌아가는 사람의 모습이기에 그렇다.
그래서 귀향이다.

앞으로 살다보면 어려운 일도 있을 것이고,
반복되는 일도, 새로운 일도 생기게 될 것이다.
따라서 귀향 이야기는 계속 된다.

古阜 經德齋에서

축시

사랑하는 현과 범에게

인생의 길에
함께할 단짝을 찾던 날
마음이 통해버린 현과 범

가정의 달, 오늘
예쁜 딸을 얻어 행복하고
새 가정을 꾸려 기쁘구나

그동안
서로 다른 환경에서
서로 다르게 살아왔다만

이제는
그간 지녀왔던
습관도, 생각도
조금씩 내려놓고
서로 이해하며 살아가거라

멀리 가려면
함께 가라는 옛말처럼

앞길에 놓인
진자리도
마른자리도
함께 손잡고 나가거라

둘이 한 마음되어
서로 믿고
서로 사랑하고
백번이라도 양보하며
너와 내가 아니라 우리가 되어 살아야 한다

계절의 여왕
5월에 핀 장미처럼
활짝 웃으며
예쁜 모습으로 살아 가거라

딸아! 아들아!
오늘 받은 이 사랑
모두 마음 속 깊이 켜켜이 쌓아두었다가
하나하나 꺼내어
되새기며 잘 살아야 한다

너희들 행복을 위해
다시 한번 두 손 모아 기도하마

단란하고 사랑스런 한 쌍의 원앙이 되어
정말 행복한 둥지 일구거라

축하한다. 사랑한다.
우리 딸 현아!
그리고 우리 아들 범아!
정말 멋지게 살거라.

2019년 5월 25일 초여름
큰아들 결혼을 축하하며

발문

출처의 시학

— 김철모 시집『귀향』에 붙여

—

최명표(문학평론가)

1

모처럼 시간의 뒷덜미를 잡아 앉히고 전선錢選의「귀거래사도歸去來辭圖」를 본다. 이 그림은 송나라 말기에 태어나서 원나라 초기에 타계한 그가 도연명의 명시「귀거래혜사歸去來兮辭」를 읽고 난 느낌을 화폭에 담은 것이다. 그림 속에서 도연명은 배의 앞머리에 타 고향집으로 돌아오고, 식구들은 문밖에 나와 반갑게 맞는다. 사람들에게 알려진 것과 달리, 두보는 이백과 견주어도 손색이 없을 정도로 벼슬길에 목을 맨 인물이다. 당시의 사회상을 감안하면, 그가 처한 궁핍한 살림이 관직으로 나아가도록 끊임없이 부추기고도 남은 게 확실하다. 비록 당초에 욕심한 자리를 얻지 못하고 미관말직을 거치다가 돌아오는 그였으나, 가족들을 만날 생각에 마음이 급해진다. 가족도 성급히 하던 일을 멈추고 뱃머리를 향해 그리운 만치 목을 길게 뺀다.

콧대 높기로 소문난 조선의 조정에서 언해한 시를 간행하여 보급할 만큼 인기가 높았던 두보의 귀향은 오랫적부터 인구에 회자되어 왔다. 그러나 그와 다르게, 조선의 옛 선비들은 나아감과 물러남을 뚜렷이 하였다. 출出은 관로에 나아가 사회와 백성을 위하여 갖은 애를 쓰는 것이고, 처處는 물러나 자신의 품성을 돌아보고 모자람을 갈아 닦는 것이다. 이름하여 '출처동귀出處同歸'이다. 나아감과 물러섬이 본디 하나라는 가르침은 예나 지금이나 공복들이 명심할 만하다. 옛날부터 공직자 중에는 출처를 확실히 하지 못하여 남의 입줄에 오르내리는 이들이 적지 않았다. 모두 초지를 망각했거나, 경서를 잘 못 읽었거나, 행실이 그른 탓이다. 겨우 백 근이 넘는 몸 하나 건사하기가 그처럼 힘들다.

김철모의 시집『귀향』을 보노라면, 1979년부터 시작하여 40여년의 긴 공직생활을 마치고 귀향하는 감회가 절절하게 눅여 있다. 말이 쉬워 사십년이지, 장기간 관직에 근무하다가 무탈하게 물러나는 일은 쉽지 않다. 그의 춘풍 같은 태도와 추상을 닮은 자기관리가 이르지 않아도 눈에 선하다. 이 시집에는 출처를 행하는 동안의 기록을 담은 시작품이 제외되어 있으나, 퇴직하고 나서 비로소 마주하게 된 자잘한 세목을 향한 따뜻한 눈길과 우주의 생명에 대한 감명 그리고 자연의 섭리를 순순히 받아들이는 곰삭은 자세들이 한데 육화되어 관가에서 쌓은 녹록치 않은 관록까지 덤으로 느끼게 해준다. 더욱이 그의 작품들은 저마다 곡진한 서사를 간직하고 있어서 시인-공직자의 출처 양상을 살펴보기에 부족하지 않다.

2

김철모의 새 시집 『귀향』에는 '귀향' 연작시 79편이 총 6부에 나누어 실려 있다. 각 부는 '제1부 그곳에서 살고 싶다', '제2부 잡초와 농군', '제3부 나비네 여덟 가족', '제4부 남의 집 같은 내 집', '제5부 명자가 왔다' 그리고 '제6부 인생의 길'이란 명칭을 달고 시'집'을 이루었다. 적지 않은 분량을 여섯 채에 균배한 시인의 씀씀이가 갸륵하다. 시집이 시의 집이라면, 각 부는 집을 받치는 기둥이고 각 시편들은 방이다. 시인이 마련한 79칸의 방을 장식하는 것은 "귀향을 준비하면서 느꼈던 시골 냄새"(「글을 시작하며」)들인데, 그 속에는 근사한 집 모양을 갖추기까지에 든 품이 벽지처럼 사방을 수놓고 있다. 세인들은 그것을 통칭하여 '귀거래사'라고 부른다.

제1부는 "40여년 전 장모님 터 잡은 곳"(「귀향 5」)에 집을 짓기까지의 과정에서 얻어진 시편들로 구성되어 있다. 김철모는 "꿈같은 전원생활"(「귀향 1」)을 꿈꾸며 '후회되지 않는 결정'을 내린다. 늘그막에 이룬 꿈이지만, 그 생활이 '꿈'같기에 시인의 오랜 기다림과 애탐이 '결정'으로 굳어진 줄 알게 된다. 더욱이 그는 "그곳으로 가고 싶

다/그곳이 보고 싶다/그곳에서 살고 싶다"(「귀향 2」)고 안달을 낸다. 하지만 시인보다 먼저 귀향한 놈이 있으니, 그놈은 진즉부터 집에 터를 잡고 줄을 친 거미이다. 그처럼 귀향은 귀향처마저 원래 주인이 사람이 아닌 줄 알려준다.

집 주인의 허락도 없이
사방에 투망을 치고
거미란 놈이 벌써부터
첨단 눈을 번득이며 망을 보고 있다

마무리되지 않는 공사로
돈과 시간은 계속해서
쏟아 부어야 할 판인데
거미는 그 틈을 이용해서
생활전선에 일치감치
뛰어든 형세이다

이들과 공생을 전제로
나선 낙향 길이라지만
집 주인도 입주하기 전에
허락도 없이 좌판을 벌이고
영업에 나선 것은
무슨 경우인고?

—「귀향 19」 부분

동양에서는 거미의 양면성에 따라 보는 눈이 달라졌다. 대승불교에서는 거미를 지혜의 왕을 지칭하는 '반야왕거미'라고 일컬었으며, 『도덕경』에서는 "하늘의 그물은 워낙 커서 무엇 하나 빠뜨리는 것이 없다天網恢恢 疎而不失."고 적어 자재한 보폭을 조물주에 비견하였다. 그 반면에 방으로 찾아온 거미는 흉측한 형상 때문에 즉시 처치할 대상으로 여겼다. 거미는 인간계에 내려와서는 외로움을 운명처럼 달고 늘 먹이를 기다린다. 그렇지만 거미가 자신의 몸에서 실을 뽑을 때마다 먹이로 만든 자양분이 빠져나간다는 점에서 제 수의를 뜨는 행위나 진배없다. 거미의 청산할 수 없는 실존적 고독은 김수영으로 하여금 "내가 으스러지게 설움에 몸을 태우는 것은 내가 바라는 것이 있기 때문이다"(「거미」)고 고백하도록 이끌었다. 그 반면에 백석은 방안에 들어온 거미의 물성을 제거한 시에서 "나는 이 작은 것을 고이 보드러운 종이에 받아 또 문밖으로 버리며 이것의 엄마와 누나나 형이 가까이 이것의 걱정을 하며 있다가 쉬이 만나기나 했으면 좋으련만 하고 슬퍼한다"(「수라」)고 읊어서 연민에 바탕한 식민지 지식인의 소슬한 자의식을 담아냈다. 거미의 삶이 사람의 그것과 크게 다르지 않은 줄 시인 둘은 꿰뚫었던 것이다. 그처럼 거미는 인류보다 먼저 지구상에 출현한 동물답게, 시인들의 깊고 여린 감수성을 건드려 시적 소재로 빈번히 사용되었다.

고부의 새 집을 차지한 거미는 일상적 풍경을 구성하는 세목으로 호출되었다. 세상 어디든지 사람이 살만

한 곳이라면 먼저 알고 자리를 트는 거미야말로 흔하디 흔한 미물이다. 그것이 풀과 힘이라도 합칠 양이면, 마침내 주객은 전도되고 만다. 김철모가 처한 상황도 별반 다르지 않다. 그는 거미의 행패를 맞닥뜨리자 "귀향을 마중하는 것들이 한두 가지가 아니다"(「귀향 14」)라며 애써 자위하지만, 거미는 시인이 큰 맘 먹고 지은 집의 주인이라도 된 양 텃세를 부린다. 거미는 한껏 거드름을 가득 피우며 시인의 '귀향을 마중'하는 것이다. 거미의 싸개는 '집 주인도 입주하기 전'부터 자행되었으므로, 앞으로도 얼마나 귀찮게 행세할지 능히 가늠할 수 있다. 이런 줄 아는 시인은 "살아있는 생물체와 공간을 함께 나누며"(「귀향 20」) 살기로 작정한다. 그로서 시인은 거미와 더불어 전원에서 살아갈 입주권을 얻었다. 그는 '경덕재'의 주인으로서의 근엄을 버리고, "더위를 피하고 추위를 피해 다니는"(「귀향 21」) 자잘한 생물들과 이웃이 된 것이다. 그처럼 "남의 집 같은 내 집의 맛"(「귀향 32」)을 맛볼 때라야 귀향은 뿌리를 내릴 수 있다. 그 예를 제4장에 묶어 놓은 연작시에서 구경할 수 있거니와, 시인은 집 안팎의 풍경을 구성하는 여러 가지 식물을 통해서 시간의 오고감과 물리적 나이 먹음을 씨줄과 날줄로 교묘하게 교직한다. 그만치 그의 감수성이 날렵하고 섬세하다는 방증이다. 그것은 전적으로 "아름답게 하얀 눈썹을 달고"(「귀향 42」) 대어난 그가 농경문화적 상상력에 터하여 시세계를 구축하고 있는 줄 알려준다.

모름지기 전원생활이란 "영원한 불의는 존재하지 않

는 것"(「귀향 43」)인 줄 안 사람이 온갖 생명들과 이웃으로 살아가는 삶이다. 그 생활이 인생의 황혼기에 실현되는 것만 보더라도 함의한 바를 눈치 챌 수 있다. 청년기에는 세상으로 나아가는 출에 몸부림쳤다면, 노년기에는 세상으로부터 물러난 처를 강조하는 것이 세상을 제법 산 환갑 나이의 시인이 의당 할 말이다. 출세의 시기에는 그의 성공을 위하여 삼라만상이 돕느라 뒷전으로 물러앉았다. 그러나 그가 세월의 진군에 맞서지 못하고 처세의 때를 맞게 되면, 자신의 장년기가 주변의 음조와 조상의 음덕인 줄 깨닫는다. 그것이 "그간 40여년을 사람들과 놀았으니 이제는 모든 자연과 함께 놀아야 할 판이다"(「글을 시작하며」)고 시집의 입구에 시인이 선언한 속뜻이다. 그의 깨달음이 집안을 둘러싸고 꽃, 두릅나무순, 앵두, 표주박, 개미, 매미, 단풍나무 등에서 꽃을 피우고 씨앗을 맺는 과정에 시선을 주도록 요청한다. 그것을 응시하는 시인의 눈길은 집을 떠나가는 한해살이풀의 짧은 운명조차 따뜻하게 싸안는다. 그제서야 시인이 뿌리고 심은 생명의 싹틈과 열매가 연작시편에 촘촘하고 참참이 시화된다. 비로소 그가 "돌아갈 곳을 찾는 인간"(「귀향 71」)의 형상으로 돌아오는 찰나이다.

코스모스가 먼저 나선 길
하연 국화 웃으니
이번에는 노란 국화가 자리를 떨고 일어선다

늘 이맘때이면
떠나는 길이라지만
올 가을은 여느 때와 다르다

혹독했던 지난 폭염이 있었고
그놈의 가뭄에
아끼는 자식을 버려야 하는 아픔과
생사의 갈림길을 오고 가기를 여러 차례

나서기는 혼자지만
혹시 외로울까봐
너도 나도 동행을 자처하는
가을로 가는 길

그래서 가을로 나선 길은
비록 그 길이 객지일지언정
결코 외롭지 않다

―「귀향 67」 전문

귀향시의 끝물이 보인다. 귀향은 "누구를 위해 존재한다는 것"(「귀향 70」)의 의미를 깨우쳐준다. 귀향이 귀의와 유사한 문맥을 자아내는 것은 '가을로 가는 길'을 보여주기 때문이다. 사람도 시간을 숙주로 연명하는 생물인지라 '코스모스가 먼저 나선 길'에 '동행'하지 않으면 안 된다. 마치 '하얀 국화'를 따라 '노란 국화'가 나서듯, 사람의 발길도 시든 꽃들이 먼저 간 길로 속절없이 접어든다. 단순한 자연의 이치이지만, 그것을 알아차리기까지 사람들은 "민생고를 해결해야 하는 의무"(「귀향 20」)에 헐떡거린다. 이 범박한 철리조차 '민생고를 해결'한 뒤에야 깨우칠 정도로 사람들은 어리석거나 바둥거린다. 귀향이 그에게 "삶과 마감을 함께 하는 것"(「귀향 34」)이라고 조곤조곤 알려주고 이법에 순응하라고 가르치지 않았던들, 그마저 모른 체 '가을로 나선 길'이 얼마나 속없으랴. 그로서 그는 "각자 마음먹기에 달려 있는 것이 행복"(「귀향 69」)인 줄 알게 되고, 장차 "왔던 길로 돌아가야 할 때"(「귀향 79」)를 준비하게 된다. 그것이 귀향의 참뜻이다.

예로부터 "귀향은 기다림"(「귀향 78」)으로 완결되었다. 그가 무사히 돌아오기를 이제나 저제나 기다리면서 고향은 골목을 쓸고 정자나무에 푸른 잎을 매단다. 고향은 그가 땅내를 맡은 나락처럼 장성하여 대처로 떠나갈 때, 조늘아 가는 텃밭의 흙내음이 그리워 세월의 더께를 이고 어귀로 들어설 줄 알고 있다. 고향은 그가 집으로 오는 길을 쉬 찾을 수 있도록 어릴 적 추억을 꺼내어 눈에 익은 풍경화를 그려낸다. 그와 같이 고향은 그가 돌아올 그날을 위하여 켜켜이 쟁여진 추억을 꺼내어 햇빛에 말려두고 하염없이 모둠발로 동구 밖을 내다본다. 더러 고향은 그가 바람을 타고 날아드는 애틋한 소식에 애닯아 할까, 햇살이 고운 나절에는 "오는 바람 가는 바람"(「귀향 35」)에 "그리웠던 그때의 빗물 떨어지는 소리"(「귀향 33」)를 실려 보내기도 한다. 어려서 집 나간 소년이 그 소리를 어미의 부르는 소리인 줄 알고 '돌아온 탕아'가 되어 후줄근하게 걸어올지라도, 고향은 남새밭을 가로질러 뛰어가서 그의 귀향을 반긴다. 이처럼 고향의 품은 넉넉하고 낙낙하게 포근하다. 그가 아무 때나 귀거래사를 쓸 수 있도록 귀향을 데불고 그 자리에 그대로 어미처럼 서 있는 고향에서 김철모는 생의 이모작에 나섰다. 따라서 『귀향』은 출간되자마자 귀향 후의 시 쓰기를 최촉하는 팔자를 갖고 세상으로 나간다.

3

사람들은 저마다 귀향의 서사를 주관한다. 귀향은 유사 이래 계속되는 사람들의 숙명적 주제이고, 동서고금을 망라하여 줄기차게 생산되는 문학의 테마이다. 귀향은 사람이 집을 떠나서는 살 수 없다는 근본적인 한계를 곧이곧대로 증명한다. 아침에 집을 나서 저녁에 돌아오듯, 사람들은 코흘리개 때 떠난 집을 늙어서 돌아온다. 그의 나아감과 돌아옴의 기간을 일러 인생이라고 칭하거니와, 사람들의 생에 각인된 삶의 결이 그 흔적이다. 더러는 집 나가 고생한 주름살로 이마를 채웠을 터이고, 더러는 호의하며 기름진 일상으로 일생을 더했을 것이지만, 빛바란 달력을 바라보는 모습은 크게 다르지 않다. 그러니 귀향하는 표정은 죄다 비슷하고, 귀거래사를 읊는 시인의 얼굴도 엇비슷하다. 다들 "매일 반복되는 일과"(「귀향 34」)에 할퀸 자국을 훈장처럼 달고 '거울 앞에 선 누님'처럼 원만해진 뒤에야 귀향하기 때문이다.

김철모 시인의 귀향도 예사롭다. 이제야 "미소년 나르시스"(「귀향 54」)가 고향을 떠났다가 육십갑자를 돌아와 틀어 앉은 "장문리 정자나무 언덕자락"(「귀향 13」)은 "자연을 거슬러서는 살지 못할 곳"(「귀향 14」)이다. 그곳에 쉴 자리를 마련한 시인이 두승산을 우러르면서 성품과 하늘이 합일된 '성천性天'의 경지에서 만년을 향락하기 바란다. 그가 자호한 '경덕재'에서 "망각과 기억 사이"(「귀향 76」)를 자유하게 오가는 '거미'처럼 시를 생산하여 "외롭던 정이품송"(「귀향 43」)마냥 시의 평원에 외로이 우뚝하라. 그 즈음에 다다르면 환갑을 기념한 시집보다 더 울울하고 창창한 시편들로 지어진 집에 상량을 올릴 수 있으리라고 기대한다.

김철모 다섯 번째 시집

귀향

인 쇄 2019년 5월 20일
발 행 2019년 5월 25일

지은이 김철모
발행인 서정환
펴낸곳 신아출판사
주 소 전라북도 전주시 완산구 공북1길 16
전 화 (063) 275-4000, 252-5633
팩 스 (063) 274-3131
이메일 sina321@hanmail.net
출판등록 제465-1984-000004호
인쇄 · 제본 신아출판사

ISBN 979-11-5605-624-9 03810
값 10,000원

이 도서의 국립중앙도서관 출판예정도서목록(CIP)은 서지정보유통지원시스템 홈페이지(http://seoji.nl.go.kr)와 국가자료공동목록시스템(http://www.nl.go.kr/kolisnet)에서 이용하실 수 있습니다. (CIP제어번호: CIP CIP2019018573)

저자와 협의, 인지는 생략합니다.
잘못된 책은 바꿔 드립니다.